AF243485

LE RHIN

ET

LA VISTULE

PARIS

AMYOT, ÉDITEUR DES ARCHIVES DIPLOMATIQUES

8, RUE DE LA PAIX

OCTOBRE 1861

PARIS. — IMPRIMERIE DE CH. LAHURE ET Cie
Rues de Fleurus, 9, et de l'Ouest, 21

LE RHIN

ET

LA VISTULE.

L'Allemagne est inquiète. Les agitations du « National-verein, » les souscriptions ouvertes pour constituer une force maritime, les conférences de Wurtzbourg, les discours au parlement de Berlin, le langage — clair sur ce point — des principaux journaux de la Confédération, sont autant d'indices auxquels on ne saurait se méprendre et dont il serait puéril de discuter la valeur. Un grand peuple ne donne pas de ces marques de fièvre qu'il n'ait pris son frisson quelque part. Et remarquez surtout que cette fièvre sévit principalement dans le nord et dans la partie centrale des États germaniques; remarquez que la guerre d'Italie, poursuivie victorieusement contre une des deux grandes puissances de l'Allemagne, n'y a pas produit ce trouble dont elle nous donne le spectacle : il existait auparavant, il a subsisté depuis ; peut-être y a-t-il pris quelques forces nouvelles, mais il n'y a trouvé ni sa source ni son prétexte. Volontiers même les « nationaux » du Nord, séparant leur cause de celle de l'Autriche, verraient l'Italie complétement « rendue à ses destinées » et « libre des Alpes à l'Adriatique ; » tous ne croient pas qu'il faille « défendre le Rhin sur le Pô. » C'est donc ailleurs qu'il faut chercher d'où vient ce mauvais vent qui souffle avec trop d'intensité depuis quelque temps des rives du Rhin à celles de l'Oder.

Si nous voulions nous donner la peine superflue de reproduire tout ce qui, dans les livres, dans les journaux et un peu dans la poésie, a été dit chez nous pour légitimer ces inquiétudes et solliciter la fibre nationale ; si nous voulions descendre au fond de notre conscience et en scruter les replis, peut-être serions-nous étonnés que devant certaines menaces dont notre patriotisme est coupable, le patriotisme de nos voisins, qui a bien aussi sa vertu, et qui se trempe apparemment comme le nôtre dans la haine de la domination étrangère, n'ait pas élevé plus haut la voix et plus fortement accentué ses méfiances.

Ce n'est pas tout à fait à tort qu'on nous soupçonne d'aimer trop le Rhin. Nous nous sommes, à d'autres époques, largement abreuvés à ses flots ; nous l'avons courbé sous nos armes, nous avons déshonoré ses vieux châteaux, nous lui avons pris ses enfants, nous avons voulu lui imposer nos lois et notre langue. Les lois lui sont restées, et il ne le regrette pas ; mais il a oublié notre langue, et il ne le regrette pas davantage. Le travail d'assimilation n'a pas eu le temps de se faire, — peut-être était-il bien difficile qu'il s'accomplît, — et l'on a vu, au jour de la catastrophe, ce

Rhin, que nous avions tant foulé, rejaillir contre nous avec une singulière énergie. C'est de sa rive que le chant du barde soulevait les bataillons germaniques et les lançait sur notre territoire. A ces cris de haine, nous avons répondu, et, après les poëtes, les froids politiques sont venus, et même les grands historiens, qui nous ont parlé de « frontières naturelles, » croyant en découvrir le tracé providentiel dans ce beau fil d'argent qui se déroule de Bâle à Cologne.

Jusque-là toutefois on en parlait comme d'un souvenir déjà lointain ou pour y surprendre en faute les géographes de la diplomatie. « Nous l'avons eu, votre Rhin allemand, » disions-nous; et l'on nous répondait, non sans une apparence de raison : « Vous ne l'aurez plus! » On fortifiait Paris comme pour donner à cette déclaration une consécration lapidaire; mais tout à peu près se bornait là: notre ardeur toute platonique n'allait pas plus loin. On nous accusait bien de garder au fond du cœur la nostalgie de la rive gauche; mais, comme nous semblions peu portés à nous en guérir par des remèdes héroïques, on n'en prenait souci que pour nous en railler ou pour nous rappeler un peu crûment les humiliations de 1815.

Les temps ont changé, et avec eux les dispositions des hommes. Le jour où la France eut restauré chez elle la dynastie napoléonienne, et rayé ainsi d'une volonté presque unanime le plus gros des articles des traités de Vienne; le jour où deux guerres heureuses eurent de nouveau montré à l'Europe une armée irrésistible; lorsque surtout le vote populaire, en même temps que le consentement du souverain intéressé, eut fait rentrer le comté de Nice et la Savoie dans la grande famille française, et rendu à la France cette barrière des Alpes dont le congrès de Vienne avait pris soin de garder la clef, ce jour-là on crut voir revivre en nous le génie des conquêtes, et l'on délibéra d'avoir peur. On ne douta plus que nous ne fissions successivement valoir nos droits de « revendication » sur toutes les frontières naturelles dont il a plu aux publicistes un peu plus qu'à la nature de doter notre pays. A la première victoire, l'Allemagne avait applaudi : il s'agissait d'amoindrir un ennemi commun, la Russie; à la seconde, elle s'était agitée diversement, partagée entre ses sentiments généreux et ses craintes chimériques; le jour de Villafranca, elle admira notre magnanimité et exalta notre continence. Mais quand elle vit Nice et la Savoie se donner à nous, ses vagues appréhensions devinrent des craintes, et sa défiance prit des proportions dont nous aurions eu le droit de nous blesser si nous n'avions secrètement reconnu quelque fondement aux terreurs que nous inspirions. Dans cet agrandissement de territoire, si juste et si naturel, on voulut voir un système dont cette première annexion était le point de départ. Après la Savoie devait venir la Suisse française, puis toute la rive gauche du Rhin, et sans doute la Belgique. Mais, par une étrange erreur, ce n'était pas la nation qu'on accusait de ces ambitieuses convoitises : le gouvernement impérial était surtout coupable, et si nous marchions à de si belles conquêtes, c'était presque malgré nous. En vain le gouvernement s'efforçait de dissiper ces inquiétudes et de calmer nos ardeurs; on ne voulait croire ni à tant de modération de sa part ni à tant d'intempérance de la nôtre; et là où ses efforts tendaient à retenir le sentiment national chez quelques-uns, on s'obstinait à le soupçonner de le provoquer chez tous. L'événement a prouvé jusqu'ici combien l'opinion s'égarait au delà du Rhin.

Le gouvernement impérial n'a cessé de donner à l'Allemagne du Nord des gages de paix et de sympathie ; il négocie avec le Zollverein un traité de commerce qui reliera les deux nations plus étroitement encore que les ponts de Kehl, de Mayence et de Cologne ne relieront les deux rives du fleuve allemand. L'Empereur lui-même, dans ses discours, a pris soin de déclarer que les revendications ne pouvaient pas être étendues à toutes les anciennes frontières ; il a noué avec le souverain de la Prusse des relations personnelles d'une courtoise prévenance, et dans quelques jours la présence de cet auguste monarque sur notre sol hospitalier achèvera de sceller cette cordiale amitié où l'on voudrait voir confondus les deux peuples.

Beaucoup de Français, nous n'en disconviendrons pas, entretiennent sur la possession du Rhin des espérances persévérantes. Un zèle mieux éclairé leur conseillerait peut-être de tourner leurs regards d'un autre côté. Mais il y a aussi de bons esprits, en plus grand nombre qu'on ne pense, qui ne verraient pas sans appréhension une extension de notre territoire jusqu'au Rhin. Deux ordres d'idées les préoccupent et leur font craindre que la France ne trouve pas dans un agrandissement de cette espèce les avantages qui peuvent seuls le rendre désirable, une frontière meilleure et un accroissement de puissance.

On a souvent dit du Rhin qu'il était la frontière naturelle de la France. C'est là une hérésie de géographie politique qu'il n'est pas difficile de combattre. Si au dix-septième siècle, avant que l'on connût la machine à vapeur, un grand penseur a pu dire des rivières qu'elles sont « des chemins qui marchent, » il nous est bien permis de penser aujourd'hui que de tous les chemins ceux-là créent et facilitent le plus les relations entre les populations riveraines, dans le sens transversal aussi bien que dans le sens longitudinal. Or, on n'a pas vu jusqu'ici qu'une route facile et bien fréquentée fût une bonne délimitation de frontière. Hormis dans les pays sauvages, où le fleuve est un obstacle, un grand cours d'eau navigable est presque toujours peuplé sur les deux rives d'habitants de même race, de même langage, de même gouvernement politique.

Le plus souvent c'est sur ses berges, quand ce n'est pas au bord de la mer, que s'élève la capitale, et loin de limiter le pays, il en relie étroitement toutes les parties entre elles. Londres, Paris, Vienne, Lisbonne sont assises sur de grands fleuves ; à dessein Pétersbourg a été bâti sur la Newa, et Berlin regrette tous les jours de n'être pas situé au confluent de l'Elster et de l'Elbe. Le Don n'est pas une frontière, ni le Volga, ni l'Euphrate, ni le Gange, pas plus que la Vistule, le Rhône ou le Danube, et quand au Congrès de Paris il s'est agi de rectifier la frontière russe à l'embouchure de ce dernier fleuve, les diplomates de la France et de l'Angleterre se sont bien gardés de laisser même un accès à la Russie sur cette rivière. Ils savaient que les deux rives appartiendraient bientôt à la nation la plus envahissante. L'expansion d'un bord à l'autre est si naturelle qu'il n'y a pas d'exemple dans les contrées civilisées qu'un grand cours d'eau ait mis face à face sur ses deux rives deux peuples différents et ennemis. Le Rhin n'échappe pas à cette observation, et si sur quelques points la politique et une possession séculaire lui ont fait séparer des États, elles n'ont pu lui faire diviser les populations, qui sont de même race sur ses deux bords et parlent à peu près la même langue sur tout son parcours. Ce n'est pas comme limite choisie que le Rhin coule entre l'Alsace et le duché de Bade, c'est presque comme accident de géographie et hasard partiel de délimitation.

Dira-t-on qu'un grand fleuve est une bonne frontière stratégique ? On a pu le croire autrefois : qui oserait le prétendre aujourd'hui ? Un grand cours d'eau, si crénelé qu'on le suppose, n'est plus de nos jours un obstacle, et plus grand il est, plus il rend l'attaque facile et redoutable. Tout au plus peut-il servir de base d'opérations ou de ligne de défense en retraite ; il ne saurait devenir une frontière stratégique qu'à la condition d'être l'artère d'un système de forteresses assises sur les deux rives. Il en est ainsi du Mincio et du Pô, doublés de l'Adige et gardés par quatre points fortifiés, dont deux sont, dit-on, presque imprenables. Que vaut Coblentz sans Ehrenbreitstein, et que vaut cette forteresse elle-même, puisque l'on peut franchir le Rhin à Neuvied ? Quand on réclame ici ce fleuve comme frontière stratégique, ce n'est pas la rive gauche seulement qu'il faut demander, mais la rive droite, et assez avant dans les terres pour y trouver des lieux fortifiés par la nature ou fortifiables par la main des hommes, une chaîne de montagnes s'il se peut.

Les montagnes sont avec la mer les vraies frontières naturelles d'un grand pays. A leur sommet s'opère véritablement un partage, partage des eaux, partage des produits, du climat, des races. Le massif du mont Blanc et la chaîne du petit Saint-Bernard complètent à merveille notre frontière des Alpes dauphinoises. D'un côté la France, de l'autre l'Italie : cela est clair, précis, mathématique. Pour nous faire une frontière du Rhin, irons-nous le prendre à sa source? ce serait logique; de Schaffouse franchirons-nous la forêt Noire, jalonnant ses revers orientaux de forteresses? ce serait nécessaire; et de là enjamberons-nous le Taunus et ses ramifications accessoires jusqu'au Siebengebirge, en face de Bonn, pour reprendre ensuite le fil de l'eau, rentrée en plaine et coulant à pleins bords? Telle serait pourtant l'alternative obligée : ou les deux rives, ou rien; tout le bassin pour défendre la vallée; la crête de la rive droite, ou celle de la rive gauche, il n'y a pas de milieu. La possession de la moitié du fleuve ne nous donnerait qu'une ligne de défense insignifiante que nous serions toujours réduits à abandonner dès la première attaque, pour nous replier sur une vraie ligne stratégique. Ceux mêmes qui revendiquent avec le plus d'énergie la limite du Rhin songent-ils bien à ces conséquences? sont-ils disposés à porter si loin leurs visées? ne reculeraient-ils pas les premiers devant un accroissement de territoire si considérable? Sauf les points où la rive allemande regarde sans jalousie la rive française, au delà ou en deçà, tout moyen terme n'aurait d'autre effet que de flatter ici l'orgueil national, là-bas, de lui faire une blessure profonde.

Un autre ordre d'idées nous touche plus encore que les considérations stratégiques, et nous porte à examiner de près les effets moraux qu'aurait pour la France une extension de territoire jusqu'au Rhin. Notre pays doit son admirable cohésion à différentes causes, parmi lesquelles il faut mettre au premier rang l'heureuse proportion des éléments qui ont concouru à former sa population. Le génie politique et centralisateur des Romains s'y est uni sans l'absorber avec l'esprit fédératif et guerrier des Gaulois, avec les traditions d'indépendance féodale et de liberté représentative des races germaniques. Dans ce mélange providentiel, les Latins ont apporté leur civilisation lettrée, les Gaulois leur esprit délié et sociable, les Francs la pensée laborieuse et solide des Germains. Peut-être un moment avons-nous penché vers l'Allemagne; l'annexion de Nice et de la Savoie a rétabli l'équilibre : craignons de le rompre.

Ce n'est pas sans danger qu'un peuple bien homogène altère cette précieuse qualité en introduisant dans son sein une trop forte dose d'éléments étrangers. Il en est des peuples comme des métaux : il ne suffit pas de tenir compte des affinités, il faut encore mesurer les proportions. L'alliage peut leur communiquer des vertus nouvelles : dépassez la mesure, et vous n'avez plus qu'un métal friable et sans solidité, incapable de supporter la trempe.

L'Alsacien est aussi bon Français que le Normand ou le Gascon; il a scellé de son sang son union étroite avec la France; il a retrouvé aux confins de la Lorraine des frères de langue et d'origine, et s'est facilement fondu avec eux. Mais supposez qu'à ce million d'Allemands *francisés*, impuissants pour réclamer une autonomie, utiles seulement pour donner plus d'assiette à la « légèreté française, » viennent s'ajouter quelques millions d'Allemands restés Germains, capables de former un groupe imposant et de se compter un jour, si l'on ne comptait pas avec eux, sollicités sans cesse par leur esprit, leurs traditions, leurs mœurs, leur idiome, à se rapprocher du pays d'origine; comprend-on quels embarras intérieurs pourraient en résulter, et, au premier choc de l'étranger, les calamités qui pourraient s'ensuivre? Peut-

on même prévoir ce que des métropoles comme Cologne
et Mayence, animées de l'esprit d'indépendance munici-
pale, et entraînant Strasbourg avec elles, introduiraient,
à un moment donné, de germes de trouble dans l'État,
en essayant de renouveler la ligue du Rhin ? Vaines terreurs ! dira-t-on ; pas à ce point qu'on n'en doive sonder
la profondeur, et se garder, dans quelques indices favo-
rables à une union des provinces rhénanes avec la France,
de saluer la marque certaine d'un grand amour pour
nous. Ne risquons pas de compromettre, pour un avantage plus apparent que réel, l'admirable équilibre de nos
forces, et ayons la sagesse de nous demander si, au lieu
d'un accroissement de puissance, ce ne serait pas un
germe de malaise et de faiblesse que nous irions chercher
sur le Rhin.

On ne saurait cependant prétendre que notre frontière
de l'est doive à tout jamais rester telle que les diplomates de 1815 l'ont dessinée. Sans faire intervenir notre orgueil national, qui, au point où nous en sommes en Europe, risquerait de descendre dans l'histoire au rang
d'inutile vanité, il est permis de réclamer contre un tracé
qui a ouvert systématiquement à l'ennemi nos vallées
de la Lorraine et nos plaines de la Champagne, qui a
brisé la ligne de nos frontières pour nous enlever des
villes que nous avions fortifiées, comme Landau, et bâ-
ties comme Sarrelouis. De ce côté du Palatinat et de la
Prusse rhénane, une rectification pourrait être comman-
dée par la justice et conseillée par la prudence. Elle aurait
l'inappréciable avantage de satisfaire aux nécessités de
notre défense, sans irriter l'orgueil national de l'Allemagne ; elle calmerait à la fois notre passion invétérée pour
le Rhin, et les récentes inquiétudes des populations ger-

maniques. Ce tracé deviendrait définitif, puisqu'il serait consenti, et désormais s'évanouirait ce rêve de la frontière du Rhin, si doux de ce côté à certains esprits, mais qui pèse comme un cauchemar sur l'Allemagne et la Belgique. Rassurée du côté d'Anvers, l'Angleterre verrait avec moins de défiance l'extension de notre influence dans la Méditerranée, et notre alliance avec elle, devenue plus étroite, nous permettrait de poursuivre en Europe l'œuvre de justice et de réparation à laquelle un grand souverain a ouvert nos destinées. Loin d'être un sujet d'alarmes pour les autres peuples, nous serions cet instrument de paix et d'arbitrage que le génie politique d'Henri IV avait entrevu ; nous n'ambitionnons pas de plus belle conquête.

C'est donc à tort que l'Allemagne s'obstinerait à concevoir des terreurs du côté de la France : que sa crainte désarme, et notre rancune s'évanouira ! Le danger pour elle n'est pas à l'Occident, puisqu'elle peut le conjurer quand elle le voudra ; il est sur sa frontière orientale. Ce n'est pas la France qu'elle doit craindre, c'est la Russie.

Comme toutes les nations jeunes, la Russie a des goûts d'envahissement et d'expansion qu'il serait injuste de lui reprocher, mais contre lesquels il faut se tenir en garde. Aujourd'hui affaiblie et troublée jusque dans ses entrailles par l'enfantement d'un ordre nouveau, elle reprendra bientôt les forces qu'elle a perdues, et les multipliera. Ses peuples intelligents, courageux et récemment conviés à la vie de liberté, ressentiront, il faut le prévoir, des envies immodérées de s'épancher sur des contrées plus heureuses, et en se raffinant ils rechercheront un soleil plus propice à une vie plus délicate. Mainte fois déjà en ce siècle nous les avons vus se précipiter vers le Sud. S'il nous a été donné de les arrêter et de les vaincre, il convient de se rappeler combien de fois les Romains ont arrêté et vaincu les peuples du Nord avant d'être submergés par eux. Un moment repoussé, le flot revient avec plus d'énergie et finit par briser la résistance, se faisant une arme des épaves mêmes qu'il rencontre sur son passage.

Pareil danger, dira-t-on, n'est pas à redouter aussi longtemps qu'un souverain ami de la paix régnera en Russie sur ses soixante millions de sujets. Quand il serait vrai que l'empereur Alexandre II eût brisé avec la politique traditionnelle de sa maison, il ne peut pas faire qu'elle ne subsiste dans le cœur de la nation, et la volonté d'un homme sera toujours impuissante à arrêter le mouvement d'un peuple en marche. Si la Russie sort sans déchirement de l'épreuve où elle se retrempe aujourd'hui, elle aura acquis une telle vigueur, qu'elle sera irrésistiblement entraînée à se répandre de nouveau vers l'Occident. L'Allemagne en sera dès lors la première et la plus sûre victime. Il serait superflu de défendre le Rhin le jour où l'Oder serait envahi.

C'est ce moment qu'il faut prévoir et contre lequel il faut se prémunir. Au lieu de défendre le Rhin, qu'on n'attaque pas, c'est sur la Vistule qu'elle doit élever son boulevard et s'armer pour une défense bientôt nécessaire; au lieu de prêter appui à la Russie pour anéantir la Pologne, elle devrait de la nation polonaise se faire un bouclier; au lieu de tenter une suppression impossible, elle devrait souhaiter que ses éléments épars reconstituassent un peuple indépendant; elle devrait, en un mot, se créer, de ce côté, des défenseurs, au lieu de se donner des adversaires. Cette politique n'est-elle pas dictée par la suprême sagesse, et n'est-ce pas un double avantage que de s'attacher les auxiliaires enlevés à l'ennemi commun ?

L'Allemagne, qui, par ses tendances libérales, se rapproche autant de la France qu'elle s'éloigne de la Russie, aurait peut-être trouvé dans cette sage conduite le plus sûr moyen de se débarrasser de ses craintes. L'œuvre d'assimilation que la Prusse poursuit dans le duché de Posen nous semble aussi funeste et aussi imprévoyante que pourrait l'être pour nous une tentative pareille sur les deux rives du Rhin. En l'abandonnant, elle entre plus étroitement dans notre alliance et nous donne, pour ainsi dire, des sûretés que les plus belles forteresses du Rhin ne vaudraient pas, des sûretés morales, les plus solides et les plus précieuses que les nations puissent échanger; elle prépare les peuples pour une défense commune, et apporte son concours à l'édifice de paix et de juste équilibre qu'il convient de fonder en Europe. En ce point comme en bien d'autres, l'Allemagne n'a pas d'autre intérêt que le nôtre, et il y a lieu de s'étonner que des esprits aussi sagaces que les Allemands ne l'aient pas plus généralement compris.

Il fut un temps où la France, sollicitée par l'esprit nouveau, s'en était faite l'apôtre les armes à la main. Partout où elle a passé, elle a déposé le germe des libertés modernes, et pas un pays qu'elle ait touché de son épée n'a le droit de regretter aujourd'hui cette violence féconde qui lui a été faite. Pour quelle mission nouvelle la France poursuivrait-elle de nouvelles conquêtes? La Russie au contraire est possédée de l'idée d'invasion; elle en caresse le rêve dans son recueillement. La Russie n'a pas de mission en Europe; elle n'y apporte ni une vertu supérieure, ni une religion meilleure, ni un atome de liberté. Si elle fait la guerre, c'est pour elle-même, pour l'envahissement, la conquête et la domination.

Le partage de la Pologne ne fut pas seulement un crime, ce fut une faute grave de la part des puissances allemandes. Elles se trouvent exposées au premier choc de la force envahissante. En réparant une injustice séculaire, l'Europe retrouverait la meilleure garantie du développement régulier de ses destinées.

Que l'Allemagne cesse donc de reporter sur la rive gauche de son plus beau fleuve des regards inquiets. Aucun danger sérieux ne la menace de ce côté, car le véritable intérêt de la France déconseille une telle conquête, et ses instincts de gloire sont satisfaits. Le péril est ailleurs; il sera écarté du jour où les deux grands pays auront reconnu la nécessité de relever sur les bords de la Vistule l'ancien boulevard de la chrétienté, appelé à couvrir désormais l'indépendance des États et la liberté des peuples.

Paris. — Imprimerie de Ch. Lahure et Cⁱᵉ, rue de Fleurus, 9.